SEMERKAND

Köln 2013

SEMERKAND

AUS DER SERIE DER PFAD DER LIEBENDEN: 1

info@erolmedien.de

ISBN: 978-3-95707-000-5

Autor: Ahmed Çağıl & Mehmet Ildırar

Lektorat und Grafik: EROL Medien GmbH

Übersetzt aus dem Original
(Mürşid-i Kâmil Kimdir?)
von Yusuf Kenan Yelesen

Erstauflage

Druck:

Pasifik Ofset
İstanbul 2013

Titelbild Fotolia.com: Zen pebbles path. Spa and healthcare concept.© Natika

Erol Medien GmbH
Kölner Str. 256
51149 Köln

Tel: +49 (0) 2203/ 36 94 90
Fax: +49 (0) 2203/ 3 694 910

E-Mail: info@erolmedien.de
Web: www.erolmedien.de
www.semerkandonline.de

DER PFAD DER LIEBENDEN

DER VOLLENDETE WEGWEISER
(Murschidul Kamil)

Wie der Vertrag mit dem Murschid (Wegweiser) zustande
kommt und wie das Reuebekenntnis ausgeführt wird

AHMED ÇAĞIL & MEHMET ILDIRAR

Inhaltsverzeichnis

Erläuterung der Segenswünsche

Es ist guter Brauch der Muslime, dem Gesandten Muhammed Mustafa☙, den Propheten☙, den Gefährten☙, der nachfolgenden Generation☙ und den Ewliya☙ (Gottesfreunden) Hochachtung und Liebe entgegenzubringen, indem wir sie mit unseren Segenswünschen und Bittgebeten beschenken. Schon die Gefährten☙ pflegten den Brauch, den Propheten Muhammed☙ mit Segenswünschen zu beschenken. Dieser Brauch wurde vom Erhabenen Allah im Edlen Quran folgendermaßen vorgegeben:

„Wahrlich sprechen Allah und Seine Engel Segenswünsche auf den Propheten (Muhammed). O ihr die ihr glaubt! So sprecht (auch) ihr auf ihn Segenswünsche und wünscht ihm Frieden!"

(El-Ehsab 33/56)

Auch die Segenswünsche auf die Gefährten☙ gehen auf einen Quranvers zurück:

„Die Vorangehenden, die ersten der Auswanderer und der Helfer und jene, die ihnen auf die beste Art gefolgt sind – mit ihnen ist Allah wohlzufrieden!"

(Et-Tewbe 9/100)

Die Bittgebete auf Muslime der nachfolgenden Generation, auf die großen Gelehrten und Ewliya gehören ebenfalls zu den Anstandsregeln der Ehlu Sunneh wel Dschema'ah.

Diese Segenswünsche und Bittgebete lauten folgender-maßen:

Nennt man den Namen des Gesandten Muhammed ﷺ oder erwähnt man ihn, bevorzugt man den Ausspruch: „Salla Allahu aleyhi we sellem" („Allahs Segen und Friede sei auf ihm").

Nennt man den Namen eines oder mehrerer Propheten ﷺ, bevorzugt man den Ausspruch: „Aleyhi/Aleyhima/Aley-him Selam" (Friede sei mit ihm/den beiden/ihnen").

Nennt man den Namen eines oder mehrerer der Gefährten ﷺ , spricht man: „Radiya Allahu anhu/anha/an-huma/anhum/anhunne" (Möge Allah mit ihm/ihr/den bei-den/ihnen zufrieden sein").

Nennt man den Namen eines oder mehrerer Mitglieder der nachfolgenden Generation ﷺ oder eines großen Ge-lehrten oder mehrerer großer Gelehrter ﷺ, spricht man: „Rahimehu/Rahimeha/Rahimehuma/Rahimehum/Rahime-hunne Allahu" („Allahs Barmherzigkeit mit ihm/ihr/den beiden/ihnen").

Nennt man den Namen eines Weli ﷺ (Gottesfreund) oder mehrerer Ewliya ﷺ, dann spricht man: „Qaddes Allahu Sirrahu/Sirraha/Sirrahuma/Sirrahum/Sirrahunne" („Möge Allah sein/ihr/beider/ihr Geheimnis heiligen").

Vorwort

Tasawwuf wird im Deutschen manchmal auch als Sufismus bezeichnet und ist derjenige Bereich des Islam, der sich mit der Hinwendung zu Allah dem Erhabenen (*Ihsan*) beschäftigt. Was nun *Ihsan* genau bedeutet, lassen wir uns am besten vom Gesandten Muhammedﷺ selbst erklären. Dieser wurde eines Tages vor seinen Gefährten vom Erzengel Gabriel۔ۖ über den Islam befragt. Dabei stellte dieser dem Gesandten Allahsﷺ unter anderem auch folgende Frage: „Was ist Ihsan?" Der Prophetﷺ antwortete ihm: „(…) auch wenn du Allah nicht siehst, so sieht Er dich doch."

Wir wollen durch dieses Werk den Menschen die wahre Bedeutung des *Tasawwuf* näher bringen und zeigen, was *Tasawwuf* wirklich ist. Wir hoffen, dass die Leser dadurch erkennen, wie wichtig es ist, sich einem *Murschidul Kamil* (vollendeten Wegweiser) anzuschließen. Denn dies bedeutet, dass sie, durch das Hinzukommen von *Ihsan* (gottgefälliges Handeln) zu den beiden Grundpfeiler der Religion, *Islam* (Glaubenspraxis) und *Iman* (Glaubenslehre), zu hingebungsvollen *Abids* (Gottesdienern) werden können.

Der Sufipfad wurde seit jeher auf dem Wege der *Suhbeh* (spirituellen Zusammenkünfte) weiterentwickelt und weiterverbreitet. Selbst der *Seyru Suluk* (spirituelle Entwicklung) der *Murschidul Kamil* (vollendeter Wegweiser) wurde durch andere Ewliya' zum Abschluss gebracht. Dadurch konnten sie ihrerseits neue *Suhbeh* (spirituelle Zusammenkünfte) bilden und so den *Tasawwuf* weiterverbreiten.

Dieses Büchlein stammt aus der Reihe „Der Pfad der Liebenden" des Şadırvan-Verlags. Es wurde auf der Basis von Auszügen aus den Vorträgen der hochgeschätzten Persönlichkeiten Mehmet Ildırar und Dr. Ahmet Çağıl erstellt. Diese verbrachten über 50 Jahre ihres Lebens auf dem Weg des *Tasawwuf* (Sufitum) und fanden darin ihre Erfüllung. Ihre Vorträge sind eine wahre Schatzkammer des spirituellen Wissens. Manche davon wurden aufgezeichnet und veröffentlicht und sind, besonders in der Türkei, äußerst populär. Da sie ihre Vorträge nicht in der nüchternen Sprache der Akademiker, sondern in der einfachen Sprache des Volkes hielten, sind sie für jedermann leicht verständlich und dazu geeignet, auch Neulingen auf dem Sufipfad den rechten Weg zu weisen.

Alle Kraft und aller Segen kommen von Allah dem Erhabenen.

KATEGORIEN DER EWLIYA

Der *Murschidul Kamil*

In den Wörterbüchern wird der Begriff *„Murschid"* wie folgt umschrieben: „Ein *Murschid* ist ein Führer und Wegweiser, der den Menschen den rechten Weg zeigt." Der Begriff *„Scheykh"* wird oft gleichbedeutend mit dem Begriff *Murschid* verwendet. *„Kamil"* ist ein Eigenschaftswort und bedeutet: „vollkommen, vollendet, vollständig". Die Wortzusammensetzung *„Murschidul Kamil"* kann man also als „vollendeter Wegweiser" übersetzen.

Der *Murschidul Kamil* ist ein Mensch, der über umfangreiche Gotteserkenntnis verfügt. Darüber hinaus ist er eine Autoritäten im Bereich des Islams. Er verkörpert die *Mahabbetullah* (Gottesliebe) und verbreitet sie unter den Menschen. Er führt die Menschen auf den „Pfad Allahs" und geht ihnen dort voraus. Viele Menschen erlangen durch seine Vermittlung ihre Rechtleitung und können auf diese Weise ihren Glauben schützen.

Der *Murschidul Kamil* besitzt alle Merkmale eines vollkommenen Gläubigen, wie sie von Allah dem Allmächtigen im Edlen Quran hervorgehoben werden. Sein Lebensstil entspricht der Lebensweise des Gesandten Allahs, Muhammed Mustafa.

Er ist ein Vorbild in allen religiösen Angelegenheiten. Sein Weg ist der Weg des *Iman* (Glaubens), des *Islam* (Religion) und des *Ihsan*. Sein Ziel ist das Wohlgefallen Allahs des Erhabenen. Er liebt Allah den Allmächtigen und bringt andere Menschen dazu, Allah den Allmächtigen zu lieben.

Die Liebe zum *Murschid*

Die Sehnsucht nach göttlicher Liebe ist der Hauptgrund dafür, warum sich Menschen einem *Murschidul Kamil* anschließen. Deswegen spielt die Liebe im *Tasawwuf* eine wichtige Rolle: Sie ist der Antrieb desjenigen, der sich einem Sufiorden angeschlossen hat (*Murid*). Wenn sie nicht vorhanden ist, kann der *Murid* auf dem Pfad der Wahrheit nicht wirklich weiterkommen und schafft es nicht, seiner *Seyru Suluk* vor seinem Tode abzuschließen.

Um seine Liebe steigern zu können, muss man diese bündeln und auf einen einzigen Punkt konzentrieren. Streut der Mensch hingegen seine Liebe und richtet diese auf mehrere Objekte gleichzeitig aus, dann kann die Gottesliebe nicht bis zu ihrer Vollkommenheit in seinem Herzen heranreifen. Darüber hinaus fehlt ihm dann die nötige Energie, um seinen Gottesdienst in bester Weise ausführen und Allah dem Erhabenen gehorsam sein zu können, und er neigt eher zur Nachlässigkeit.

Die Steigerung der Liebe

Um die Liebe in seinem Herzen steigern zu können, muss der *Murid* sein Herz mit dem *Murschid* verbinden. Je stärker er sein Herz an den *Murschid* bindet, desto intensiver wird auch seine *Mahabbetullah*. Diese Bindung des Herzens ist besonders wichtig, denn gerade in der heutigen Zeit ist die Läuterung des *Nefs* (der Triebseele) ohne die Anleitung durch einen *Murschid* äußerst schwierig.

Damit der *Murid* spirituelle Fortschritte erzielen und von seinem *Murschid* profitieren kann, sollte er diesen so oft wie möglich besuchen (*Suhbeh*). Außerdem sollte er die täglichen Lektionen und das *Dhikr* (Gottgedenken), die ihm sein *Murschid* aufgetragen hat, gewissenhaft ausführen. Auf diese Weise kann er die Liebe in seinem Herz weiter steigern.

Das Rüstzeug desjenigen, der den Sufipfad beschreitet, ist also sein fester Glaube und seine innige Liebe. Dafür muss er sich das notwendige islamische Grundwissen aneignen und die *Usul* (Methoden) und den *Edeb* (Anstandsregeln) des spirituellen Pfades erlernen. Die Liebe in seinem Herzen wird erst dann zunehmen können, wenn er die Methodik dieses Pfades bei seiner Vorgehensweise berücksichtigt und sich an dessen Anstandsregeln hält. Er sollte täglich sein *Dhikr* machen und die Aufgaben, die ihm sein *Murschid* auferlegt hat, geduldig in die Tat umsetzen. Dabei darf er den Wünschen und Neigungen seines *Nefs* keine Beachtung schenken. Der erhabenste Gast der Herzen ist Allah der Erhabene selbst.

Der ehrwürdige Ghawth el-Bilwanisi سرّه sagte dazu Folgendes:

„Warum sind wir bekümmert? Warum sind wir traurig? Allah dem Erhabenen sei Dank! Er liebt uns und führte uns zu der Tür jener, die Er liebt. Uns führte Er zu der Pforte von Schah el-Khasne ﷺ. Warum also diese Trauer? Ihr solltet mit euren Händen Tücher schwenken und dazu tanzen. Es gibt keinen Grund dafür, traurig zu sein!"

Die Bindung an den Murschidul Kamil

Eine Bindung an einen vollendeten Wegweiser aufbauen zu wollen, ist gleichbedeutend mit dem Streben nach der Nähe Allahs des Erhabenen und Seines Gesandten ﷺ.

Ein Gläubiger, dessen Zustand sich noch auf der Stufe des *Nefsul Emmareh* (der gebieterischen Seele) befindet, weiß entweder nicht, wie er seinen Charakter verbessern könnte, oder er ist sich seiner Sündhaftigkeit gar nicht bewusst.

Auch einem *Murid* sind weder die positiven Auswirkungen seiner Gehorsamstaten – seiner Gebete, seines *Wird* (Andachtsübung) und seines *Dhikr* (Gottgedenken) – noch die negativen Folgen seines sündhaften Verhaltens voll bewusst. Deshalb benötigt er eine helfende Hand und positive Impulse von außen.

Der *Murid* sollte sich stets seiner eigenen Mangelhaftigkeit bewusst sein und immer wieder sein eigenes Verhalten hinterfragen. Er sollte sich von Sünden fernhalten, beharrlich seinen Gottesdienst verrichten, Allah dem Erhabenen gehorsam sein und sich stets in Geduld üben. Dies alles gelingt ihm nur dann, wenn er sich einem *Murschid* anschließt, der den Pfad Allahs des Erhabenen beschreitet. Dies ist der erste Schritt auf dem Pfad der Gottesliebe.

Ghawth el-Bilwanisi ﷺ sagte dazu:

„Ein Mensch, der den, sich dem Jenseits widmenden Pfad, ohne spirituelle Erziehung beschreitet, ist ein Laie. In diesem Zustand kann er sich nicht von denjenigen Arten der Liebe und denjenigen (irdischen) Einflüssen befreien, die keinen Bezug zu Allah dem Erhabenen aufweisen. Würde wohl ein Mensch – möge uns Allah davor bewahren – sein eigenes Kind den Händen eines unfähigen Chirurgen überlassen? Natürlich würde er dies niemals tun! Er würde einen Fachmann aufsuchen. Genauso verhält es sich mit uns. Um unser ewiges Leben nicht unnötig in Gefahr zu bringen, müssen wir einen *Murschid* aufsuchen.

Denn die *Murschids* sind Autoritäten in religiösen Angelegenheiten. Mit der Erlaubnis Allahs des Erhabenen befreien sie die Menschen von ihrer Gleichgültigkeit und führen sie auf den Pfad Allahs des Allmächtigen. Sie sind die Vermittler der Rechtleitung. In unserer Zeit sind die wahren Sufis rar geworden. Deswegen lehnen sich viele Menschen gegen den Willen Allahs des Erhabenen auf. In unserer Zeit gibt es auch nicht viele *Murschids*, die dazu in der Lage sind, die Menschen rechtzuleiten."

Das Ziel des Tasawwuf

Das Ziel des *Tasawwuf* ist es, dass der *Murid* den Gottesdienst auf eine solch schöne Weise ausführt und sich in seinem Alltag auf so gute Weise verhält, dass ihm schlussendlich die wahre Gottesliebe zuteilwird. Das Ziel eines *Murids*, der den Sufipfad beschreitet, ist es also, die Liebe und Zuneigung Allahs des Erhabenen zu erlangen.

Gottesliebe kann man nur dann bekommen, wenn man mit *Ikhlas* handelt. *Ikhlas* ist die Basis des *Tasawwuf* und bedeutet Aufrichtigkeit. Wenn der *Murid* diese Aufrichtigkeit erlangt hat, schaut er nicht mehr auf die Anzahl seiner religiösen Taten, sondern er achtet stattdessen darauf, dass seine religiösen Taten nur seiner Liebe und seiner Aufrichtigkeit entspringen.

Schah en-Naqschebend رحمة الله war einer der Führer dieses Pfades und schaffte es, die wahre Gottesliebe zu erlangen. Als er noch am Anfang des Sufipfades stand, begab er sich auf eine Reise zu seinem *Murschid*. Auf dem Weg dorthin traf er auf den ehrwürdigen Khidr[1] عليه السلام. Schah en-Naqschebend رحمة الله erkannte diesen zwar, wollte sich aber mit ihm auf kein Gespräch einlassen. Khidr عليه السلام versuchte seine Aufmerksamkeit auf sich zu lenken. Schah en-Naqschebend رحمة الله schenkte ihm aber trotzdem keiner-

---

1   Es heißt, dass Khidr عليه السلام das ewige Leben erlangt hat und Allah der Erhabene ihm viele Einblicke in Dinge gewährt, die normalen Menschen verborgen bleiben. Auch der Prophet Musa عليه السلام traf mit Khidr عليه السلام zusammen. Von diesem Treffen berichtet uns Allah der Erhabene in der Sure El-Kehf.

lei Beachtung. Schlussendlich fragte ihn der ehrwürdige Khidr عليه السلام:

„Hast du mich denn nicht erkannt? Weißt du denn nicht, wer ich bin?"

Schah en-Naqschebend رحمة الله antwortete ihm:

„Doch, ich habe dich schon erkannt."

Da sagte Khidr عليه السلام:

„Warum wendest du dich dann von mir ab, obwohl jeder andere sein Leben dafür geben würde, mir zu begegnen? Sie bitten sogar eigens Allah den Erhabenen darum, mich treffen zu dürfen!"

Schah en-Naqschebend رحمة الله antwortete ihm:

„Weil ich einen *Murschid* habe. Mein Herz ist bereits mit ihm verbunden!"

Die Großen dieses Pfades sagten, dass diejenigen, die sich auf diesen Pfad begeben, nicht zwei Geliebte in ihrem Herzen tragen können und dass die vollkommene Hinwendung zu einer einzigen Person nur durch *Ikhlas* möglich ist.

Einer der Großen unseres Pfades, Imam er-Rabbani رحمة الله sagte:

„Das Wissen und das Handeln sind mit (der Befolgung des) Islam und mit *Ikhlas* verknüpft. Diese (wiederum) sind nur (dann) möglich, wenn man den Pfad der Sufis beschreitet."[2]

Der Mensch erhält seine spirituelle Nahrung nur an der Pforte, zu der er sich zugehörig fühlt. Der Beamte erhält seinen Lohn nur von derjenigen Behörde, für die er arbeitet. Der Mensch erhält seinen Lohn nur von seinem Arbeitgeber. Dieser käme niemals auf die Idee, seinen Angestellten für unerledigte Arbeiten zu bezahlen – noch dazu, wenn dieser nebenbei seine Arbeitskraft auch noch anderen Unternehmen zur Verfügung stellt und darüber seine eigentliche Arbeit vernachlässigt. Auf dem Gebiet des *Tasawwuf* verhält es sich genauso.

---

2   Imam er-Rabbani: Mektubat, 1. Band/59. Brief.

Das Erreichen der Vollkommenheit durch das Beschreiten des Sufipfades

Die spirituelle Verbindung eines *Murids* zu einem *Murschidul Kamil* dauert solange fort, bis dieser seine spirituelle Vollkommenheit erreicht hat. Damit ein Mensch wahrhaftig in Wort und Tat dem Gesandten Allahsﷺ folgen kann, sollte er seine spirituelle Erziehung abgeschlossen haben. Um diese Entwicklungsstufe zu erreichen, muss man alle Abläufe des spirituellen Erziehungsprozesses des *Tasawwuf* durchlaufen haben.

Yusuf Bin el-Huseyn رحمة الله عليه war ein bedeutender Sufi seiner Zeit[3] und durchlief viele Stationen der spirituellen Erziehung auf dem Sufipfad. Wir wollen hier über ein Erlebnis aus seinem Leben berichten, da wir meinen, dass dieses sehr lehrreich für uns sein kann:

Als Yusuf Bin el-Huseyn ein junger Mann war, begab er sich zu einem arabischen Volksstamm. Das Oberhaupt dieses Stammes hatte eine wunderschöne Tochter und diese verliebte sich in Yusuf. Deshalb hielt sie nach einer günstigen Gelegenheit Ausschau, um mit ihm alleine sein zu können. Als sich eines Tages die Gelegenheit dazu bot, ging sie zu ihm und strecke ihre Hand nach der seinen aus, um diese zu berühren. Yusuf Bin el-Huseyn bemerkte rechtzeitig, was sie vorhatte, stand auf und entfernte sich rasch von ihr.

---

3   Er verstarb im Jahre 915 n. Chr.

Dieses Erlebnis wirkte in ihm nach und er konnte deswegen an diesem Abend lange nicht einschlafen. Doch irgendwann übermannte ihn dann doch noch der Schlaf und er träumte von einer Gruppe von Personen, die alle grün gekleidet waren. Eine dieser Personen trat aus der Gruppe heraus und setzte sich wie ein König auf einen Thron.

Yusuf Bin el-Huseyn fragte sie: „Wer seid ihr?"

Sie antworteten: „Wir sind Engel und der, den du auf dem Thron siehst, ist der Gesandte Yusufﷺ. Er ist gekommen, um dich zu besuchen."

Yusuf Bin el-Huseyn sagte: „Wie kann es sein, dass der ehrenwerte Gesandte Yusufﷺ mir einen Besuch abstattet?"

In diesem Moment stand der Gesandte Yusufﷺ auf, umarmte Yusuf Bin el-Huseyn und setzte ihn auf seinen Thron. Dieser fragte den Gesandten Yusufﷺ: „O Gesandter Allahs, wie komme ich denn zu dieser großen Ehre?"

Der ehrenwerte Gesandte Yusufﷺ antwortete:

„Als das schöne Mädchen dich zu verführen suchte, begabst du dich in die Obhut Allahs des Erhabenen. In dem Moment, in dem Er dir Zuflucht gewährte, stellte Er dich mir und den Engeln vor. Ich möchte dich hierfür beglückwünschen.

Es gibt zu jeder Zeit einen *Qutb* (Oberhaupt unter den *Ewliya')*. Der *Qutb* dieser Zeit ist Dhu Nun el-Misri ﷽. Er kennt den allerhöchsten Namen Allahs des Erhabenen. Schließ dich ihm an!"

Nachdem Yusuf Bin el-Huseyn erwacht war, machte er sich sofort auf die Reise nach Ägypten, um den Sufiorden des ehrenwerten Dhu Nun el-Misri ﷽ aufzusuchen und den allerhöchsten Namen Allahs des Erhabenen zu erfahren. Ein Jahr lang stellte er sich in den Dienst dieses Ordens, brachte aber kein einziges Mal den Mut dazu auf, dem *Scheykh* auch nur eine einzige Frage zu stellen.

Als ein Jahr verstrichen war, wandte Dhu Nun el-Misri ﷽ sich ihm zu und fragte ihn, woher er denn komme. Er antwortete ihm, dass er aus Rey stamme.

Nachdem diese kurze Unterhaltung stattgefunden hatte, schenkte ihm Dhu Nun el-Misri ﷽ wieder für längere Zeit keine Beachtung, bis er eines Tages fragte: „Warum ist dieser junge Mann zu uns gekommen?"

Yusuf Bin el-Huseyn antwortete ihm: „Ich bin gekommen, um dich zu besuchen."

Er fragte weiter: „Bedrückt dich etwas, das du mir gerne mitteilen würdest?"

Er antwortete: „Ich würde gerne den allerhöchsten Namen Allahs des Erhabenen erfahren."

Nachdem wieder einige Monate verstrichen waren, gab der ehrenwerte Dhu Nun el-Misri رحمة الله Yusuf Bin el-Huseyn eine verschlossene Kiste und sagte: „Nimm diese Kiste und bringe sie einem *Scheykh*, der auf der anderen Seite des Nils wohnt. Merke dir gut, was er dir sagt, und kehre dann wieder hierher zurück."

Yusuf Bin el-Huseyn nahm die Kiste entgegen und machte sich auf den Weg. Zunächst ging er eine Weile den Fluss entlang, und als er schließlich den Fluss überqueren wollte, erweckten seltsame Geräusche, die aus der Kiste kamen, seine Aufmerksamkeit. Seine Neugierde übermannte ihn. Er öffnete die Kiste einen Spaltbreit und erblickte darin eine kleine Maus! Die Maus erkannte ihre Chance, sprang aus der Kiste und ergriff die Flucht.

Yusuf Bin el-Huseyn überlegte, was er nun machen sollte: Sollte er zurück zu seinem *Scheykh* gehen oder seine Reise fortsetzen? Er entschloss sich dazu, mit der leeren Kiste zu seinem *Scheykh* zurückzukehren. Als er bei ihm angelangt war, stellte dieser ihm die folgende Frage: „Du möchtest, dass Dhu Nun el-Misri dir den allerhöchsten Namen Allahs beibringt?"

Er antwortete: „Ja!"

Daraufhin sagte der *Scheykh* zu ihm: „Du bist sehr ungeduldig. Du kannst nicht einmal auf eine kleine Maus aufpassen! Wie sollte es dir da gelingen, den allerhöchsten Namen Allahs des Erhabenen zu bewahren?"

Da wurde Yusuf Bin el-Huseyn sehr verlegen und zog sich in das Ordensgebäude zurück.

Bald darauf rief Dhu Nun el-Misri رحمةاللهعليه Yusuf erneut zu sich und sprach: „Ich habe Allah den Erhabenen siebenmal darum gebeten, dir Seinen allerhöchsten Namen beibringen zu dürfen, aber Er gab mir nicht die Erlaubnis dazu. Kehre jetzt in dein Dorf zurück und warte ab, bis die Zeit dazu reif ist."

Yusuf Bin el-Huseyn sagte: „Mein Herr, bitte gib mir einen Rat!"

Der ehrwürdige Dhu Nun el-Misri رحمةاللهعليه sagte: „Ich habe drei Ratschläge für dich: Der erste lautet: Vergiss alles, was du bisher gelesen oder studiert hast und radiere alles aus, was du bisher geschrieben hast, auf dass der Schleier von dir gehoben werden möge. Denn wenn sich ein Mensch mit erlerntem Wissen rühmt, bildet sich ein Vorhang zwischen ihm und Allah dem Erhabenen."

Yusuf Bin el-Huseyn antwortete ihm: „Mein Herr, ich habe nicht die Kraft dazu, diesen Ratschlag in die Tat umzusetzen!"

Dhu Nun رحمةاللهعليه sprach weiter: „Mein zweiter Ratschlag lautet: Vergiss mich und erwähne niemandem gegenüber meinen Namen. Denn wenn du mich erwähnst, könnte es passieren, dass du dich dadurch selbst rühmst!"

Yusuf Bin el-Huseyn sagte: „Mein Herr, auch dafür fehlt mir die Kraft!"

Dhu Nun ﷻ sprach weiter: „Mein letzter Ratschlag an dich ist der folgende: Mische dich unter das Volk und rufe es dazu auf, den rechten Weg zu beschreiten. Aber tue dies nicht um die Gunst des Volkes zu erlangen!"

Yusuf Bin el-Huseyn sagte: „Mit der Erlaubnis Allahs des Erhabenen werde ich mir Mühe geben und versuchen, diesen Rat in die Tat umzusetzen!"

So kehrte er also in die Stadt Rey zurück. Die Bewohner von Rey empfingen ihn mit offenen Armen, denn seine Familie gehörte zu den angesehensten Familien der Stadt. Er begann damit, vor den Leuten der Stadt Vorträge zu halten. Anfangs sprach er zu einer großen Menschenmenge, aber diese schrumpfte von Tag zu Tag, denn die Leute verstanden die tiefe Bedeutung des *Tasawwuf* nicht.

Als er sich eines Tages auf das Rednerpodest setzte, war weit und breit kein Zuhörer zu sehen. Da beschloss er, heute keinen Vortrag zu halten. Gerade in dem Moment, als er vom Podest herabsteigen wollte, hörte er eine Stimme aus der verborgenen Welt: „Hast du denn nicht Dhu Nun el-Misri ﷻ versprochen, nicht für die Menschen, sondern nur für Allah den Allmächtigen zu sprechen?"

Da nahm sich Yusuf Bin el-Huseyn vor, auch weiterhin Vorträge zu halten, selbst wenn ihm dabei niemand zuhören wollte, und er bemühte sich weiterhin darum, die Menschen auf den rechten Weg zu rufen.[4]

Die geistige Vollkommenheit kann nicht in einem einzigen Schritt erlangt werden. Auch das jahrelange Studium des Islam oder die lebenslange Zugehörigkeit zu einem Sufiorden sind keine Garanten für das Erreichen der Vollkommenheit.

Um ein wahrer Sufi werden zu können, reicht es nicht aus, nur das äußere Erscheinungsbild eines Sufis anzunehmen. Hierzu muss dem Reich des Herzens zu seiner Vollkommenheit verholfen werden. Genau an diesem Punkt setzen die *Murschids* an. Sie lassen ihre *Murids* diejenigen Stationen der spirituellen Erziehung durchlaufen, die ihnen zu ihrer individuellen Vollkommenheit verhelfen.

Scheykh Abdurrahman et-Tahi ﷺ sagte zu dem hohen Nutzen, den der *Murid* aus der Verbindung zu seinem *Scheykh* auch über dessen Tod hinaus hat, Folgendes:

„Das geistige Band auf diesem Pfad ist sehr stark. Der *Murschidul Kamil* hat nach seinem Tode denselben Nutzen [für den *Murid*] wie zu seinen Lebzeiten. Das Schwert schneidet solange nicht, wie es in der Scheide steckt."

---

4 Vgl.: Feriduddin Attar: Tedhkiretul Ewliya', Seite 149-154. Zum Leben von Yusuf Bin el-Huseyn vgl. ebenfalls: Ebu Nu'aym: Hilyeh, 10/238; Ibnul Dschewsi: Sifetu Safweh, 4/84; Khatib el-Baghdadi: Tarikhul Baghdad 14/314; Bin Kethir: el-Bidayeh, 11/126; Quscheyri: er-Risaleh, Seite 158; Abdurrahman Dschami': Nefahat, Seite 238.

Das Ziel der Schöpfung

Allah der Erhabene teilt uns im Edlen Quran den Grund unserer Erschaffung mit:

وَمَا خَلَقْتُ الْجِنَّ وَالْإِنْسَ إِلَّا لِيَعْبُدُونِ

„Und Ich habe die Dschinnen und die Menschen nur (dazu) erschaffen, um Mir zu dienen."

(Edh-Dhariyat 51/56)

Damit der *Abid* (Gottesdiener) erkennen kann, wie er seine *Ibadeh* (Gottesdienst) in bester Weise auszuführen hat, muss er seinen Allmächtigen Herrn erkennen. Der Versuch, Allah den Erhabenen ausschließlich mithilfe von Buchwissen erkennen zu wollen, reicht nicht aus. Um Gotteserkenntnis erlangen zu können, müssen wir uns einer Person anschließen, die selbst über Gotteserkenntnis verfügt. Wenn man selbst kein Medizinstudium abgeschlossen hat, nützt einem das medizinische Wissen, das man Fachbüchern entnommen hat, herzlich wenig. Um einen Kranken behandeln zu können, muss zuallererst eine Diagnose erstellt werden. Eine Diagnose aber, die nur mithilfe von Buchwissen erstellt wurde, steht auf äußerst wackligen Beinen. Man kann sich zwar beispielsweise Wissen über Allergien anlesen, aber Krätze hat dasselbe Erscheinungsbild wie bestimmte Allergien. Wie soll ein bloßer Theoretiker zwischen diesen beiden Krankheiten unterscheiden können? Wenn aber ein erfahrener Mediziner seinen Schülern den Unterschied zwischen diesen beiden Krankheitsbildern zeigt, dann werden sie den Unterschied ohne große Mühe erkennen können.

Mit der Religion verhält es sich genauso wie in dem eben geschilderten Beispiel. Wer seine Religion von einem Menschen erlernt, der diese vollständig verstanden hat und sie lebt, kann das Erlernte in die Tat umsetzen, ohne daran irgendwelche Zweifel zu haben.

Lasst uns diesen Umstand am Beispiel des rituellen Gebets eingehender betrachten: Der äußerliche Ablauf des Gebets ist immer derselbe. Die Gelehrten haben in den Büchern detailliert festgehalten, wie der Gesandte Allahsﷺ das Gebet ausgeführt hat. Die Ehrfurcht hingegen, die man während des Gebets empfinden sollte, kann man nur von einer Person erlernen, die ihrerseits ihre Gebete in vollkommener Ehrfurcht verrichtet.

Was den äußeren Ablauf des Gebets betrifft, so gibt es zwar zwischen den vier Rechtsschulen einige kleine Unterschiede. Über die wesentlichen Bestandteile des Gebets herrscht aber Einigkeit unter den Rechtsschulen. Sie stimmen darin überein, dass diese der *Tekbir*, das Stehen, die Rezitation, die Verbeugung, die Niederwerfung und das Sitzen sind.

Die Ehrfurcht gehört hingegen zu den Angelegenheiten des Herzens und fällt daher in den Bereich des *Tasawwuf*. Über das größte Wissen in diesem Bereich verfügen die *Murschidul Kamil*.

Die Bedeutung des *Nadhar* (heilsamer Blick)

Personen, die mit dem Gesandten Allahs🕌 zu dessen Lebzeiten zusammentrafen, den Glauben annahmen und im Glauben verstarben, nennt man *Sahabeh (Gefährten)*, selbst wenn sie nur ein einziges Mal mit ihm zusammentrafen. Die Begegnung mit dem Gesandten Allahs🕌 veränderte den spirituellen Zustand der *Sahabeh* grundlegend: In ihnen erblühte die Blume der Liebe in ihrer vollkommenen Pracht.

Jeder *Sahabi* war gleichzeitig auch ein großer *Weli* (Gottesfreund). Keiner der heutigen *Ewliya'* (Gottesfreunde) ist mehr wert als der Staub unter den Füßen der *Sahabeh*. Denn ihnen wurde die göttliche Gnade zuteil, dem Gesandten Allahs🕌 persönlich begegnet zu sein.

Daran sieht man, dass ein kurzer Blick des Gesandten🕌 ausreichte, um den Seelenzustand einer Person zu verändern und ihn dadurch zu einem großen *Weli* zu machen. Durch das Erblicken einer Person, die mit Allah dem Erhabenen vertraut ist *(Weli)*, kehrt die Seele zu ihrem Ursprung zurück; sie tritt aus ihrem Schattendasein heraus und wird sich ihrer Bestimmung bewusst.

Man fragt sich, wie so etwas in so kurzer Zeit möglich ist.

Diese Frage wollen wir mit einem Vergleich beantworten: Heutzutage werden aus dem Weltall detailgetreue Aufnahmen von der Erde gemacht. Sie zeigen das Land, die Stadt und das Haus in dem wir leben. Dies alles ist möglich, weil die Menschheit über die notwendige Technologie dazu verfügt.

Mit der Seele verhält es sich genauso.

Die *Murschidul Kamil* kennen unseren Geisteszustand, weil sie eine viel bessere geistige Ausbildung genossen haben als wir. Sie führen den Menschen auf dem Wege Allahs, ohne dabei die kleinste Kleinigkeit zu vernachlässigen. Dies ist der Grund, warum man sie vollendete Wegweiser·nennt, und deswegen unterscheiden sie sich von den gewöhnlichen Menschen und denjenigen Gelehrten, die ihr Wissen nur aus Büchern erlernt haben. Würde man diesen ihre Bücher wegnehmen, wären sie ihres Wissens beraubt.

Der Gesandte Allahs war zwar der letzte der Propheten, aber die Rechtleitung der Menschen wird bis zum Ende der Zeit fortgesetzt werden. Nach seinem Ableben wurde die Rechtleitung der Menschen auf dessen Weggefährten übertragen, und sie gaben dieses Wissen ihrerseits an die nachfolgende Generation weiter.

Diese Rechtleitenden haben also ihr religiöses Wissen mittelbar vom Gesandten Allahs erhalten. Sie wissen am besten, wie man handeln muss, um den Vorgaben des Edlen Quran und der *Sunneh* (Brauch des Gesandten) zu entsprechen und halten sich streng an diese Vorgaben.

Zu diesem Umstand überliefert uns Abdurrahman et-Tahiرحمةالله folgende Begebenheit:

„Eines Tages erzählte der ehrwürdige Ghawth el-Khizaniرحمةالله in einem Vortrag Folgendes:

„Ebu Yezid el-Bistamiرحمةالله, einer der Großen unseres Weges, besuchte eines Tages einen berühmten *Scheykh*. Alle [Besucher des *Scheykhs*] hatten sich in der Moschee versammelt, um diesem ihre Aufwartung zu machen. Da kam der *Scheykh* und trat in die Moschee mit dem linken Fuß zuerst ein. Als er dies sah, sagte Ebu Yezid el-Bistami zu den Umstehenden: „Wer eine *Sunneh* des Gesandten Allahsﷺ weglässt, kann kein echter *Scheykh* sein.""[5]

Die Bedeutung der Begriffe *Scheykh, Seyda, Khadsche* und *Khodscha*

Der Islam war mit dem Ableben des ehrenwerten Gesandten Allahsﷺ nicht zu Ende. Er wird sich vielmehr immer noch weiter ausbreiten. Dies liegt daran, dass Allah der Erhabene das Licht des Islam, das Er an die Menschheit sandte, vervollständigen, das heißt weltumspannend verbreiten, wird. Um vom Ozean der göttlichen Barmherzigkeit noch stärker profitieren zu können, suchten die Gläubigen der *Tabi'in* (nachfolgende Generation) die Weggefährtenﷺ des Gesandten Allahsﷺ auf, um von ihnen dasjenige Wissen zu erlernen, das diese ihrerseits vom

5   Abdurrahman et-Tahi: Scheykh Abdurrahman-i Tahi`nin Mektupları, 3. Brief.

Oberhaupt der Gesandten Allahs☙ vermittelt bekommen hatten. Die Gläubigen derjenigen Generation, die der nachfolgenden Generation folgte (*Tabi'u Tabi'in*), taten dies ihrerseits genauso.

In den darauffolgenden Jahrhunderten entfernten sich die Menschen immer weiter vom göttlichen Licht des ehrwürdigen Gesandten Allahs☙. Deswegen verminderte sich auch die Anzahl der *Ewliya'*. Es gab aber zu jeder Zeit *Ewliya'* und es wird bis zum Jüngsten Tag immer welche geben. Früher gab es Personen, die die Menschen auf dieselbe Weise rechtleiteten, wie es der Gesandte Allahs☙ vorgeführt hatte. Diese Personen nannte man *„Scheykh"*. Der Begriff *Scheykh* bedeutet im Arabischen „alter Mann" oder „Mann, der über viel Erfahrung verfügt". Im Osten der Türkei werden solche hochgeschätzten Gelehrten und gebildete Persönlichkeiten als *„Seyda"* bezeichnet.

In Mittelasien nennt man den *Scheykh „Khadsche"*. Die Mehrzahl von *Khadsche* lautet *Khadschegan*. Der Begriff *Khadsche* ging als *„Khodscha"* in die türkische Sprache ein.

Was versteht man nun heutzutage unter dem Begriff *Khodscha*?

Es ist erstaunlich, wie schnell sich die Bedeutung eines Begriffs verändern kann! Die Worthülse ist geblieben, aber das Wort wurde seiner ursprünglichen Bedeutung beraubt. Ursprünglich bezeichnete man mit dem Begriff *Khodscha*

Personen, die eine spirituelle und geistige Ausbildung abgeschlossen haben. Heutzutage ist dieser Begriff jedoch
seiner eigentlichen Bedeutung beraubt und man bezeichnet
alle Arten von Akademikern und Lehrern als *Khodscha*.

So wird der Begriff *Khodscha* heute also nicht mehr
gleichbedeutend mit den Begriffen *Scheykh*, *Khadsche*,
Murschidul Kamil, *Weli* und *Ewliya'* gebraucht.

Wenn eine Person diejenigen Eigenschaften verinnerlicht
hat, die diesen Begriffen innewohnen, so hat sie sich von
den Wünschen und Neigungen des Nefs (die Triebseele)
befreit. Solch ehrwürdige Personen werden als Wissende
bezeichnet, weil sie dazu in der Lage sind, die Menschen
auf sicherem Wege aus ihrer gewohnten Umgebung und
den Abgründen des verderblichen *Nefs* herauszuführen und
ohne Umwege Allah dem Erhabenen zuzuführen. Dies gelingt ihnen, weil sie ihr eigenes *Nefs* überwunden haben
und über umfangreiche Kenntnisse über das verdorbene
Nefs verfügen.

Seyyid Muhammed Raschid el-Bilwanisiﺭﺣﻤﻪ sagte über
die Feinde des *Tasawwuf*, die die segenbringende Wirkung
der Gottesfreunde verleugnen, Folgendes:

„[Negative] Äußerungen über den *Tasawwuf* spiegeln
nicht dessen wahres Wesen wieder. Wir haben gesehen,
dass selbst über die Sonne der Religion, den Gesandten
Allahs, und die wahre Religion, die diesem offenbart
wurde, taktlose und maßlose Äußerungen gemacht wurden.

Dies wird sich bis zum Jüngsten Tag nicht ändern. Die Feinde dieser schönen Religion unterstützen in Wahrheit diese durch ihre Verleumdungen und Lügen nur. Sie helfen ihr damit, sich zu verbreiten. Die Verleumdungen, die über den *Tasawwuf* verbreitet werden, erfüllen dieselbe Aufgabe. Hierdurch behält er seine Reinheit und breitet sich weiter aus."

Der *Insanul Kamil* (der vollendete Mensch)

Solange ein Mensch nicht seine spirituelle Reife erlangt hat, wird er auch keinen positiven Einfluss auf andere Menschen ausüben können. Egal wie oft man ihn auch besuchen mag, man wird keinen Nutzen davon haben. Der Mensch kann sich von sich allein aus nicht spirituell weiterentwickeln.

Ewliya', die eine gute spirituelle Erziehung genossen haben, ziehen andere Menschen in ihren Bann. Die Liebe, die sie in sich tragen, fasziniert die anderen Menschen. Wenn wir mit einem solchen Menschen zusammentreffen, empfindet unsere Seele Freude daran und unser Zustand erhebt sich.

Dabei kommt uns automatisch folgender Satz in den Sinn: „Dieser Mensch hat das gewisse Etwas!" Obwohl wir nicht begreifen können, was eigentlich in uns vorgeht, empfinden wir positive Gefühle, Begeisterung und Respekt für ihn. Dies deshalb, weil er ein vollkommener Gläubiger, eine spirituell ausgereifte Person ist.

Der *Scheykh* ist frei von den Wünschen und Neigungen des *Nefs*. Er befreit andere Menschen aus der Falle des heimtückischen *Nefs* und der schlechten Angewohnheiten und führt sie direkt und ohne Umwege zu Allah dem Allmächtigen.

Denn das *Nefs* ist mit abertausenden von verderblichen Wünsche und Begierden angefüllt, die allesamt ausgelöscht werden müssen. Das Wollen des *Nefs* ist erst dann mit dem Glauben vereinbar, wenn es mit dem Wollen Allahs des Erhabenen übereinstimmt. Verkehrt beispielsweise ein Mann mit einer Frau geschlechtlich, mit der er nicht verheiratet ist, so ist dies Unzucht. Dies gefällt dem triebgesteuertem *Nefs*, widerspricht aber den Gesetzen Allahs des Erhabenen. Nur wenn ein Mann mit seiner Ehefrau verkehrt, ist die Begierde des *Nefs* mit dem Willen Allahs des Erhabenen vereinbar und somit gut.

Jeder, der in seinem Herzen an Allah den Allmächtigen und Seinen Gesandtenﷺ glaubt und auch die übrigen Glaubensprinzipien akzeptiert, gilt als Muslim. Aber wie jeder andere Mensch auch hat natürlich auch der Muslim ein *Nefs*. Er ist genauso den verderblichen Wünschen und Neigungen seinem Nefs ausgeliefert wie jeder andere Mensch. Er ist genauso wenig vor Sündhaftigkeit gefeit. Wegen des starken Einflusses seiner Triebseele kann er nicht unterscheiden, was für ihn nützlich und was für ihn schädlich ist.

Wie soll sich denn ein Muslim spirituell weiterentwickeln können, solange er lügt, betrügt, stiehlt, seine Abmachungen bricht oder noch größere Sünden begeht? Allein durch das Lesen von Büchern kommt man nicht weiter. Der Glaube des Muslims bleibt solange unvollkommen, solange er nicht von seinen spirituellen Krankheiten geheilt ist. Dies gilt für jeden Einzelnen, egal welchen Rang oder welche Stellung er unter den Muslimen einnimmt! Über den spirituellen Stand einer Person entscheidet nicht der Titel, den diese trägt, sondern welche charakterlichen Eigenschaften sie aufzuweisen hat.

Es ist das Ziel des Edlen Quran und der *Sunneh* des Gesandten Allahsﷺ, den Menschen zu einem idealen Charakter, also zu einem Zustand der Vollkommenheit und spirituellen Reife, zu führen. Dazu benötigen wir die Hilfe eines Fachmanns, eines Kenners Allahs des Allmächtigen, also eines *Scheykhs*.

Mit *Scheykh* meinen wir nicht etwa eine Person, die nur das äußere Erscheinungsbild des Gesandten Allahsﷺ nachahmt. So eine Person bringt uns unserem Ziel keinen Schritt näher. Wir benötigen dafür die Hilfe eines vollkommenen Menschen, der uns mit der Liebe des Gesandten Allahsﷺ vertraut macht, also einen *Murschidul Kamil*.

Wer sich dem *Tasawwuf* zuwendet, beginnt Fortschritte auf dem Weg der Religion zu machen und den Islam in seiner ganzen Schönheit zu leben. Dabei ist der Mensch nicht von sich aus dazu in der Lage, seinen Charakter zu verbessern. Dies ist die Aufgabe des *Scheykhs* und *Murschidul Kamil*.

Der Mensch kann zwar durch eigene Bemühungen einige der Klippen des Lebens umschiffen, aber er kann nicht alle Hindernisse umgehen. Wer zweimal in der Woche eine Stunde joggen geht, kann zwar ein mittelmäßiger Läufer werden, aber um ein professioneller Langstreckenläufer zu werden, benötigt man einen erfahrenen Trainer, der kontinuierlich mit einem übt und die richtigen Tipps gibt. Genauso verhält es sich auf der spirituellen Ebene: Ohne geistige Erziehung kann das *Nefs* nicht nachhaltig verbessert werden. Damit wir uns vor der Schlechtigkeit des *Nefs* schützen können, müssen wir erst einmal wissen, wie dieses überhaupt funktioniert. Nur wer über diese Art der Erkenntnis verfügt, kann sein *Nefs* verbessern und so zu einem vollkommenen Menschen heranreifen.

Übernimmt ein *Murschidul Kamil* oder ein vollendeter *Scheykh* die geistige Erziehung eines Menschen, dann erzielt dieser automatisch Fortschritte auf dem geistigen Pfad: Er führt sein Gebet in größerer Demut aus. Seine Handlungen werden von der geistigen Reife des *Murschids* beeinflusst und sind deshalb nicht mehr so unausgegoren. Und er gewinnt auch selbst an geistiger Reife, da die spirituelle Vollkommenheit des *Murschids* auf ihn abfärbt.

Sofern der geistige Therapeut ein Fachmann auf seinem Gebiet ist und man sich auch selbst ernsthaft bemüht, wird man auch den Grad der Vollkommenheit erreichen können, den man anstrebt.

Es ist also nicht möglich, den Islam ausschließlich mithilfe von Büchern zu erlernen, sondern man ist dabei auf die praktische Unterstützung eines spirituellen Ratgebers angewiesen. Dabei besteht der Islam aus drei Ebenen: Sein Fundament ist das Wissen. Darauf baut das rechte Handeln auf. Wenn man sein Wissen in die Tat umsetzt und nach diesem handelt, erreicht man schlussendlich die Ebene des *Ikhlas*. *Ikhlas* ist der Gegenstand, um den sich die Lehre des *Tasawwuf* dreht. Auf diesem Gebiet sind die vollendeten *Scheykhs* und *Murschidul Kamil* die Spezialisten: Sie unterweisen die Menschen in den Praktiken des *Tasawwuf*, leben diese selbst vor und bringen so die Menschen dazu, ihrem Vorbild zu folgen.

Kurz gesagt zeigen sie uns den rechten Weg und dienen uns als Vorbilder. Sie erziehen uns zu *Ikhlas* und verhindern dadurch, dass unsere Gebete auf die Ausführung der äußeren Bewegungsabläufe beschränkt bleiben und wir unser ewiges Leben durch verwerfliche Handlungen in Gefahr bringen.

Sie stellen sicher, dass wir unseren Wissensdurst aus den richtigen Quellen stillen und halten uns dazu an, unseren Gottesdienst regelmäßig zu verrichten und unserer Religion aufrichtig zu folgen.

Das schwarze Körperhaar

Im *Tasawwuf* wird der Begriff *Scheykh* folgendermaßen definiert: (Ein *Scheykh*) ist ein vollendeter Wegweiser, der die Freundschaft Allahs des Allmächtigen erlangt hat und die Befugnis dazu besitzt, die Menschen auf Seinen rechten Weg zu führen.

Der *Murschid* des osmanischen Sultans Fatih Mehmet Han war der ehrwürdige Akschemseddinﻗﺪﺱ. Er beschrieb das Wesen der *Scheykhs* folgendermaßen: „Ihre Körper weisen keine schwarzen Körperhaare auf."

Wie ist nun diese metaphorische Aussage zu verstehen?

Im *Tasawwuf* gilt das schwarze Körperhaar als Sinnbild für die negativen Charaktereigenschaften des Menschen. Es symbolisiert die Selbstsucht, den Egoismus und das *Nefs* des Menschen. *Scheykhs* sind aber frei von den hervorstechenden Eigenschaften des *Nefs*, wie Hochmut, Egoismus, Wollust und Zorn. Wenn man also sagt, dass jemand keine schwarzen Körperhaare hat, heißt dies, dass er frei von den Begierden und Neigungen des *Nefs* ist.

Heutzutage werden manchmal auch unwissende Menschen als *Scheykhs* bezeichnet. Die wahren *Scheykhs* unterscheiden sich aber von solchen Personen durch besondere Merkmale:

Sie kennen weder Habgier, noch Hass, noch Unkeuschheit. Sie erklären religiös Verbotenes nicht zu religiös Erlaubtem und religiös Erlaubtes nicht zu religiös Verbotenem.

Es gibt drei Arten von *Scheykhs*:

1. Der *Scheykh* aufgrund seiner Taten
   (Dies sind die vollendeten *Scheykhs* und *Murschidul Kamil* des *Tasawwuf*)
2. Der *Scheykh* aufgrund seines Wissens
   (Dies sind die islamischen Gelehrten, die eine klassische islamische Ausbildung genossen haben)
3. Der *Scheykh* aufgrund seiner gesellschaftlichen Stellung
   (Dies sind die arabischen Stammesführer)

DIE BEDEUTUNG DER BEGRIFFE
EWLIYA' UND *WELI*

Der Begriff *Ewliya'* stammt aus dem Arabischen und ist der Plural von *Weli*. Aus grammatikalischer Sicht ist das Wort *Weli* – genauso wie beispielsweise die Begriffe *Alim* (Ein über Wissen Verfügender) und *Qadir* (Ein über Kraft Verfügender) – ein sogenannter *Ismu Fa'il Mubalaghah*. Diese Wortart ist die Übertreibungsform eines Hauptwortes, mit dem ein Handelnder bezeichnet wird. Dies bedeutet, dass der *Weli* eine Person ist, die nicht vorsätzlich gegen ein göttliches Gebot verstößt und ihre religiösen Pflichten konsequent erfüllt. In den Wörterbüchern wird der Begriff *Weli* mit „eine Person, die Allah dem Erhabenen nahe steht" erklärt. Dies ist ein Muslim, der sich Allah dem Erhabenen durch die Verrichtung von freiwilligem Gottesdienst und

Aufrichtigkeit in seinem Handeln genähert hat. So wie sich der *Weli* von Sünden fernhält, genauso schützt er sein Herz vor der Achtlosigkeit gegenüber Allah dem Erhabenen. Im Edlen Quran werden die *Ewliya'* folgendermaßen beschrieben:

أَلَا إِنَّ أَوْلِيَاءَ اللَّهِ لَا خَوْفٌ عَلَيْهِمْ وَلَا هُمْ يَحْزَنُونَ

„Siehe, über die Freunde Allahs soll keine Furcht kommen, noch sollen sie traurig sein.“

(Yunus 10/62)

Der Begriff *Ewliya'* ist mehr als nur eine Bezeichnung für bestimmte Personen. Er schließt auch die guten Charaktereigenschaften dieser Personen mit ein. Mit *Ewliya'* werden also Menschen bezeichnet, die Allah dem Erhabenen nahe stehen und über einen besonders guten Charakter verfügen.

Ein spezielles Merkmal der *Ewliya'* ist, dass man sich an Allah den Erhabenen erinnert, sobald man auf sie trifft. Begegnet man einem *Murschidul Kamil*, so beginnt man automatisch über das Jenseits, die Allmacht Allahs, das Paradies und die Hölle nachzudenken. Man fragt sich dann: „Wie wird wohl mein Ende sein?“

Der Grund hierfür ist die Reinheit der Herzen der *Murschidul Kamil*. Ihre Herzen sind rein, weil sie ununterbrochen mit Allah dem Erhabenen in Verbindung stehen. Deshalb strahlen ihre Geistkörper fortwährend die Manifestation der Einheit Allahs des Allmächtigen aus. Sie sind wie ein Strauß duftender Rosen, den man in einen Raum stellt: Er verströmt seinen Duft im ganzen Raum.

Ewliya' sind aufrichtige Muslime. Ihre Bittgebete werden (so Allah will) erhört. Sie sind rechtschaffene Diener Allahs des Allmächtigen. Sie stellen der Menschheit ihre Dienste zur Verfügung, um das Wohlgefallen Allahs des Erhabenen zu erlangen. Hierfür erwarten sie von niemandem eine Gegenleistung. Ihr ganzes Streben gilt dem Wohlgefallen Allahs und Seiner Herrlichkeit.

Der Gesandte Allahsﷺ rühmte die *Ewliya'* mit folgenden Worten:

„Die Freunde Allahs [zu denen auch die *Murschidul Kamil* zählen] sind diejenigen, die einen an Allah erinnern, sobald man sie erblickt."[6]

---

6   Abdullah Bin Mubarek: Kitabu Zuhd, Seite 217f; Bin Ebu Dunya: Kitabul Ewliya', 48; Bin Madscheh: Zuhd, 4119.

Die Besonderheiten der *Ewliya'*

Je besser wir es vermögen, die *Ewliya'* kennenzulernen, desto stärker wird unsere Bindung zu Allah dem Erhabenen und Seinem Gesandten. Deshalb sollten wir zuallererst einmal versuchen zu verstehen, was ein *Weli* überhaupt ist. Wir können den hohen Rang der *Ewliya'* besser verstehen, wenn wir ihren Umgang mit ihren Mitmenschen, ihre Ergebenheit in die *Sunneh* des Gesandten Allahs und ihre außergewöhnlichen Fähigkeiten betrachten. Dies ist die einzige Möglichkeit, die *Ewliya'* zu erkennen. Es ist so, wie es schon der ehrwürdige Akschemseddin sagte:

„Die *Ewliya'* sind die heimlichen Schatzmeister Allahs des Allmächtigen. Sie kennen sich in allen Wissensgebieten aus. Sie geben nur das zu erkennen, was sie zu erkennen geben dürfen. Deshalb ist ihr wahres Wesen nicht für jedermann ersichtlich. Weil sie die Freundschaft Allahs erlangt haben, hat Allah sie in die Geheimnisse des Wissens eingeweiht."[7]

Am besten erkennt das Wesen der *Ewliya'* derjenige, der am besten mit dem Edlen Quran und der *Sunneh* des Gesandten Allahs vertraut ist. Denn diese Vertrautheit ist die Haupteigenschaft der *Ewliya'*; diese Eigenschaft macht sie überhaupt erst zu *Ewliya'*.

Oder anders ausgedrückt: Der einzige Reichtum, den der Gottesfreund in dieser Welt besitzt, ist sein Herz. Sein Be-

---

7   Akschemseddin: Makamat-i Ewliya', Seite 5.

streben liegt nicht darin, irdische Güter anzusammeln, denn diese besitzen für ihn keinen Wert. Sein Herz ist hingegen die Schatzkammer der jenseitigen Güter. Deswegen halten die *Ewliya'* diese Schatzkammer frei von irdischen Verunreinigungen und füllen sie ausschließlich mit der Liebe Allahs des Allmächtigen.

Das Herz des *Murschids*

Zu Zeiten von Ubeydullah Ehrar[8] قدس سره lebte ein Derwisch in einem fernen Land. Als er davon hörte, welch großer Gottesfreund Ubeydullah Ehrar doch sei, dachte er sich: „Ich würde auch gerne einmal einen Gottesfreund wie ihn kennenlernen!" Deshalb begab er sich zu Fuß auf den Weg, um diesen großen Gottesfreund kennenlernen zu dürfen. Damit ihm das Gehen leichter falle, nahm er seinen Wanderstab mit, der mit wundervollen Schnitzereien verziert war. Als er sich dem Dorf näherte, in dem Ubeydullah Ehrar قدس سره lebte, kam er durch

riesige Anpflanzungen, die alle feinsäuberlich gepflegt wurden. Er fragte danach, wer denn der Besitzer dieser prachtvollen Felder sei. Man antwortete ihm, dass dies Ubeydullah Ehrar قدس سره sei. Dies erstaunte den Derwisch sehr. Als er noch mehrere Tage weitergegangen war und die üppigen Plantagen immer noch nicht enden wollten, dachte er sich: „Was ist das nur für ein Mann? Ist er ein König oder

---

8   Dieser verstarb im Jahre 1490 n. Chr.

ein Gottesfreund? Wie kann ein vollendeter Wegweiser denn nur so unverschämt reich sein?"

Bald darauf erreichte er den Sufiorden des Ubeydullah Ehrar⌐s. Aber das Feuer des Misstrauens gegen diesen hatte sich bereits tief in seinem Herzen entfacht. Er sagte sich zwar: „Wenn ich schon mal hier bin, dann will ich ihn auch sehen." Aber insgeheim dachte er sich: „Der ist nie und nimmer ein Gottesfreund, er ist bestimmt ein weltlicher Herrscher!"

Mit diesen Gedanken betrat er also das Ordensgebäude, sah sich um und suchte nach einem geeigneten Platz, um seine Schuhe abzustellen. Weil sein Wanderstock sehr wertvoll war, wollte er diesen nicht unbeaufsichtigt lassen. Deshalb gab er ihn in die Obhut eines Angestellten des Ordens. Er wies ihn ausdrücklich darauf hin, dass sein Stab sehr wertvoll sei und gab ihm die Anweisung, den Stab an einem sicheren Ort aufzubewahren, damit dieser ja nicht verloren gehe.

Daraufhin begab er sich in die Audienz des Ubeydullah Ehrar⌐s. Dabei musste er die ganze Zeit über an seinen Wanderstock denken: „Ob wohl dieser Angestellte, dem ich meinen Wanderstab anvertraut habe, auch wirklich vertrauenswürdig ist?"

Der Gedanke an seinen Wanderstab ließ ihn nicht mehr los. Währenddessen betrachtete Ubeydullah Ehrar⌐s den Derwisch eingehend. Dabei kam er zu dem Schluss, dass sich die Liebe zu seinem Wanderstab tief in sein Herz eingegraben hatte. Deshalb sagte er zu ihm:

„All die Felder, die du auf deiner Reise hierher durchquertest, hinterlassen in unserem Herzen nicht ein Tausendstel der Anhaftung, die dein Wanderstock in deinem Herzen hinterlassen hat."

Die Herzen der *Murschidul Kamil* kennen keine Liebe zur Welt und den irdischen Gütern. Sie sind lediglich Verwalter der Güter, die Allah der Erhabene ihnen zugeteilt hat. Unsere Herzen hingegen sind nicht frei von dieser Art der Liebe. Solange das Herz eines Menschen noch an weltlichen Dingen haftet, kann es Allah den Erhabenen nicht wirklich lieben: Ein und dasselbe Herz ist nicht dazu in der Lage, zu ein und derselben Zeit sowohl Allah den Erhabenen als auch die Welt zu lieben.

Die ehrwürdigen Ghawth el-Bilwanisiﻗﺪﺱ, Seyda Muhammed Raschidﻗﺪﺱ, Ghawth eth-Thaniﻗﺪﺱ und andere Große dieses Pfadesﻗﺪﺱ haben oftmals den folgenden Ausspruch Imam er-Rabbanisﻗﺪﺱ in ihren Vorträgen zitiert:

„Die Männer des Jenseits sind jene religiösen Gelehrten, deren Herzen frei von der Liebe zur Welt, zu Hab und Gut, zu hohen Rängen und Ruhm und Macht sind. Sie sind die Erben und Beauftragten des Gesandten Allahsﷺ. Sie sind die besten unter den Menschen. Am Tag des Jüngsten Gerichts wird ihre Tinte mit dem Blut der Märtyrer, die ihr Leben auf dem Weg Allahs des Erhabenen geopfert haben, aufgewogen werden. Ihre Tinte wird schwerer sein als das Blut der Märtyrer."[9] „Ein Gottesfreund zu sein bedeutet nichts anderes, als ein Diener des Gesandten Allahs۩ zu sein."[10]

Die Bedeutung der Begriffe *Qutb*, *Imam* und *Ghawth*

Einer der Großen dieses Pfades, Imam er-Rabbaniرحمة الله sagte:

„Unter denen, die dem Gesandten۩ folgten, waren auch einige große Gottesfreunde, denen der Rang des *Imams*, also des geistigen Oberhauptes der Gottesfreunde, verliehen wurde. Diesen Rang erreichten sie, indem sie ihre Vollendung durch die enge Verbundenheit zum Gesandten Allahs۩ erlangten und [auch alle anderen] Stufen der Gottesfreundschaft hinter sich ließen. Auch die Großen dieses Pfades haben, genau wie jene, diese Stufen (der Gottesfreundschaft) hinter sich gelassen. Einigen der großen Gefolgsleute des Gesandten Allahs۩ wird der Rang des Kalifen verliehen, nachdem sie die Stufen der Gottesfreundschaft vollendet haben. Erst wenn man alle Stufen der Gottesfreundschaft durchlaufen hat, steigt man auf die Rangstufe des *Imam* oder *Kalifen* auf.

Der Rang des *Imam* entspricht dem Rang des *Qutbul Irschad* (wegweisender Pol der Gottesfreunde). Der Rang

---

9 Imam er-Rabbani: Mektubat, 33. Brief.
10 Imam er-Rabbani: Mektubat, 268. Brief.

des *Kalifen* entspricht wiederum dem Rang des *Qutbul Medar* (Dreh- und Angelpunkt der Gottesfreunde). Man könnte sagen, dass der *Qutbul Irschad* und der *Qutbul Medar* wie die Schatten der beiden (oben erwähnten) Rangstufen *(Imam und Kalif)* sind. Der *Ghawth* unterstützt den *Qutbul Medar*. Der *Qutbul Medar* erwartet seinerseits die Unterstützung des *Ghawth*, bei den vielen Aufgaben, die er zu erledigen hat. Der *Ghawth* spielt eine wichtige Rolle bei der Entscheidung, welcher der Gottesfreunde in den Rang eines der *Ebdal* [also eines der vierzig größten Gottesfreunde] aufsteigen darf. Weil der *Qutb* (der größte Pol der Gottesfreunde) viele Bedienstete und Helfer hat, bezeichnet man ihn auch als *Qutbul Eqtab* (den Pol der Pole). Die Bediensteten und Helfer vertreten den *Qutbul Eqtab* [bei der Erfüllung seiner Aufgaben].

Muhiddin Ibnul Arabi رَحِمَهُ اللهُ sagte dazu Folgendes: ‚In jeder Stadt hält sich ein *Qutbul Ewliya'* (Pol der Gottesfreunde) auf, egal, ob diese (Stadt) muslimisch oder nichtmuslimisch ist.‘

Wer einen spirituellen Rang besetzt, verfügt auch über (spezielles) Wissen. Es ist aber nicht vorausgesetzt, dass ein Gottesfreund, der eine gewisse Rangstufe erreicht hat, auch den Rang bekleidet, der mit dieser Rangstufe zusammenhängt. Und wenn er nicht diesen Rang bekleidet, dann verfügt er auch nicht über das entsprechende Wissen, das mit diesem Rang zusammenhängt. Es ist völlig egal, ob er von [dem Ziel und den Auswirkungen] der Dienste (die er verrichtet) Kenntnis hat oder nicht. Eine Verkündigung aus der verborgenen Welt zeigt ihm, dass er auf eine (gewisse) Rangstufe eines spirituellen Ranges aufgestiegen ist. Dies bedeutet aber nicht, dass ihm (automatisch) auch der Rang gegeben wurde [der zu dieser spirituellen Rangstufe gehört]."[11]

Scheykh Abdurrahman et-Tahi رحمة الله عليه sagte dazu:

„Der *Ghawth* ist derjenige, dem man seine Wünsche vorträgt. Der *Ghawth* ist der *Ghawth* seiner Schüler, die eine reine Seele haben und derjenigen, die ihn (als *Ghawth*) akzeptiert haben und derjenigen, die eine verantwortungsvolle Position innehaben, und (er ist der *Ghawth*) aller Dinge, egal ob diese beseelt oder unbeseelt sind. Er besitzt die Fähigkeit, die Herzen mithilfe einiger göttlicher Manifestationen mit göttlichem Licht zu erfüllen. Er beseitigt die Zweifel der Nachahmer und macht aus ihnen Personen, die die göttliche Wahrheit hinter den Dingen erkennen können und zeigt ihnen, wie sie Allah den Erhabenen mit dem Auge des Herzens wahrnehmen können. Er zeigt denen den Weg, die danach streben, von Allah an Sich gezogen zu werden und danach streben, die Gottesliebe zu erlangen und sich in die geistige Obhut des *Murschids* zu begeben."[11]

---

11 Imam er-Rabbani: Mektubat, Brief 256.

Die *Sadatul Kiram*

Die Großen dieses Pfades werden auch „*Sadatul Kiram*" genannt. Der Begriff *Sadat* stammt aus dem Arabischen und man bezeichnet mit ihm bedeutende, ehrwürdige und religiöse Persönlichkeiten, die vom Gesandten Allahsﷺ (in direkter Blutlinie) abstammen. Der Begriff *Kiram* stammt ebenfalls aus dem Arabischen und bedeutet „großzügige, ehrenwehrte und hochgeschätzte Persönlichkeiten".

In der Fachsprache des *Tasawwuf* werden alle Mitglieder der *Silsileh*[12] der *Naqschebendiyyeh* als *Sadatul Kiram* bezeichnet.

Wenn einer der *Sadatul Kiram* erwähnt wird, dann gehört es zu den Anstandsregeln dieses Pfades, ein Bittgebet für ihn auszusprechen und ihm seine Ehrerbietung entgegenzubringen. Wird beispielsweise der Name von Ghawth el-Bilwanisi erwähnt, dann sollte man die Bittgebetsformel „*Quddise Sirruhu*" („möge sein Geheimnis geheiligt werden") oder „*Qaddesallahu Sirrahu*" („möge Allah sein Geheimnis wahren") für ihn aussprechen. Diese Bittgebetsformel wird in vielen Büchern mit den Buchstaben „*q.s.*" (türkisch: *k.s.*) abgekürzt. Will man die Bittgebetsformel für mehrere Personen aussprechen, dann sagt man „*Qaddesallahu Esrarehum*" („möge Allah ihre Geheimnisse wahren").

---

12 Der Begriff „*Silsileh*" wird im nächsten Kapitel dieses Buches ausführlich erklärt.

Die *Silsileh*

Mit dem Begriff *Silsileh* wird eine fortlaufende Kette von Persönlichkeiten bezeichnet, die bis zum Gesandten Allahsﷺ zurückreicht und bis zum Jüngsten Tag fortbestehen wird. Jedes einzelne Glied dieser Kette wurde (oder wird) von einem *Murschidul Kamil* ausgebildet und besaß (oder besitzt) die Befugnis, die Menschen geistig zu erziehen und auf dem göttlichen Pfad zu führen.

Das Vorhandensein einer lückenlosen *Silsileh* ist im *Tasawwuf* von großer Bedeutung, denn sie ist der Beweis dafür, dass ein (derzeit) wirkender *Murschidul Kamil* seinerseits durch einen vollkommenen Weli ausgebildet und in den Dienst gestellt wurde, und dieser ebenso von seinem Vorgänger. So lässt sich bis zum Gesandten Allahsﷺ zurückverfolgen, ob ein *Murschidul Kamil* seine Funktion zu Recht ausübt oder nicht.

Die Einweihung in die Geheimnisse des *Tasawwuf* und die Erlaubnis, Menschen auf den göttlichen Pfad führen zu dürfen, ist also keine alltägliche Sache. Denn hierfür bedarf es der gründlichen Ausbildung durch einen *Murschidul Kamil*. Nachdem ein *Murid* ein Stellvertreter seines *Murschids* geworden ist, beginnt er unter dessen Aufsicht damit, die Menschen rechtzuleiten. Wenn er später seinerseits ein *Murschid* der *Silsileh* geworden ist, erzieht er die Menschen eigenständig.

In dem Buch „Minah" wird über den Bestand der *Silsileh* der *Naqschebendiyyeh* folgendermaßen berichtet:

„Als (eines Tages) der ehrwürdige Ghawth el-Khizani قدس سره mit einer Gruppe von Leuten zusammensaß, wurde (von einer Person in dieser Runde) folgendes behauptet: ‚Einige der Großen des *Tasawwuf* sind der Meinung, dass am Ende (der Zeiten) nur die hanefitische Rechtsschule und der Pfad der *Naqschebendiyyeh* übrigbleiben werden.' Daraufhin sagte der ehrwürdige Ghawth el-Khizani قدس سره: ‚Der ehrwürdige Khodscha Ubeydullah Ehrar قدس سره berichtete, dass durch die geistige Unterstützung der Großen (dieses Pfades) die *Silsileh* der *Naqschebendiyyeh* bis zum Tage der Auferstehung fortbestehen wird.'"[13]

---

13 Ghawth el-Khizani: Minah: 50. Minah. (Imam er-Rabbani قدس سره geht in seinen Mektubat auf die Ansicht mancher Gelehrten ein, dass Jesus عليه السلام, nachdem er auf die Erde herabgestiegen sein wird, nach den Regeln der Rechtsschule des Imam el-E'dham Ebu Hanifehandeln wird: „Der ehrwerte Khodscha Muhammed Parsa (der einer der Sadatul Kiram ist) – möge Allah sein Geheimnis wahren – schrieb in seinem Buch Fudulu Sitte Folgendes: „Nachdem der erhabenen Isa عليه السلام (Jesus) auf die Welt herabgestiegen sein wird, wird er (nach den Regeln) der hanefitischen Rechtsschule handeln." Dies ist so, weil eine mittelbare Verbindung zwischen Ebu Hanifehund Isa عليه السلام besteht. Damit meine ich, dass das Rechtsfindungsverfahren von Isa عليه السلام eine Übereinstimmung mit dem Rechtsfindungsverfahren des ehrwürdigen Imam el-E'dham عليه السلام aufweist, und (damit meine ich) nicht, dass dieser seine Rechtsschule nachahmen wird. Denn die Rangstufe von Isa عليه السلام ist zu hoch und zu erhaben, als dass dieser einen Gelehrten aus der Gemeinschaft Muhammeds صلى الله عليه وسلم nachahmen würde. Und wir sagen, ohne uns damit der Heuchelei und des Glaubenseifers verdächtig zu machen, dass der Geist der hanefitischen Rechtsschule wie ein gewaltiger Ozean erscheint, sobald man sie ohne Schleier und in (voller) Klarheit betrachtet. Die anderen Rechtsschulen erscheinen (dagegen) wie Teiche und Bäche." (Imam er-Rabbani: Mektubat, Band 2, 55. Brief)

Der *Tasawwuf* unserer Zeit speist sich aus drei wichtigen *Silsilehs*. Jede Einzelne von ihnen kann bis zu den ehrwürdigen Ebu Bekr﷽ und Ali﷽ und von diesen bis zum Gesandten Allahs﷽ zurückverfolgt werden.

In jeder dieser *Silsilehs* gab es viele Stellvertreter, die die Erlaubnis dazu erhielten, eigene Schulen zu gründen. Deshalb gibt es sehr viele verschiedene Zweige innerhalb der einzelnen *Silsilehs*. Einige dieser Ordensführer ließen ihre Orden durch ihre vollkommenen Stellvertreter fortführen. Andere Ordensführer gaben die Befugnis der Rechtleitung nicht an andere Personen weiter, weil keine geeigneten Nachfolger zu finden waren.

Eine dieser drei *Silsilehs* ist der Pfad der *Naqschebendiyyeh*. Dieser Pfad ist in der Türkei durch den Zweig der *Khalidiyye* weit verbreitet. Die *Silsileh* der *Khalidiyye* als Zweig der *Naqschebendiyyeh* (daneben gibt es noch andere Zweige der *Naqschebendiyyeh*, die von anderen Stellvertretern geleitet werden) ist die folgende:

1. Der erhabene Muhammed Mustafa﷽
2. Der ehrwürdige Ebu Bekr es-Siddiq﷽
3. Der ehrwürdige Selman el-Farisi﷽
4. Der ehrwürdige Qasim Ibnul Muhammed﷽ (Enkel des Ebu Bekr es-Siddiq)
5. Der ehrwürdige Imam Dscha'fer es-Sadiq﷽
6. Der ehrwürdige Ebu Yezid el-Bistami﷽
7. Der ehrwürdige Ebul Hasan el-Kharaqani﷽
8. Der ehrwürdige Ebu Ali el-Farmedi﷽

9. Der ehrwürdige Yusuf el-Hamedani قدس الله سره

10. Der ehrwürdige Abdulkhaliq el-Ghudschduwani قدس الله سره

11. Der ehrwürdige Khodscha Arif er-Riwegeri قدس الله سره

12. Der ehrwürdige Khodscha Mahmud Indschir el-Faghnewi قدس الله سره

13. Der ehrwürdige Khodscha Ali er-Ramiteni قدس الله سره

14. Der ehrwürdige Khodscha Muhammed Baba Semmasi قدس الله سره

15. Der ehrwürdige Seyyid Emir el-Kulal قدس الله سره

16. Der ehrwürdige Schah en-Naqschebend قدس الله سره

17. Der ehrwürdige Khodscha Ala'uddin el-Attar قدس الله سره

18. Der ehrwürdige Khodscha Yaqub el-Dscherkhi قدس الله سره

19. Der ehrwürdige Khodscha Nasiruddin Ubeydullah Ehrar قدس الله سره

20. Der ehrwürdige Khodscha Muhammed ez-Zahid قدس الله سره

21. Der ehrwürdige Khodscha Derwisch Muhammed قدس الله سره

22. Der ehrwürdige Khodscha Muhammed el-Emkeneki قدس الله سره

23. Der ehrwürdige Khodscha Muhammed Baqibillah قدس الله سره

24. Der ehrwürdige Imam er-Rabbani قدس الله سره

25. Der ehrwürdige Khodscha Muhammed Ma'sum قدس الله سره

26. Der ehrwürdige Khodscha Muhammed Seyfeddin قدس الله سره

27. Der ehrwürdige Khodscha Muhammed Nur el-Beda'uni قدس الله سره

28. Der ehrwürdige Mirsa Mashar Dschanudschanan قدس الله سره

29. Der ehrwürdige Seyyid Abdullah el-Dihlewi قدس الله سره

30. Der ehrwürdige Mewlana Khalid el-Baghdadi قدس الله سره

31. Der ehrwürdige Seyyid Abdullah el-Haqqari قدس الله سره

32. Der ehrwürdige Seyyid Taha قدس الله سره

33. Der ehrwürdige Seyyid Sibghatullah el-Erwasi رحمه الله
34. Der ehrwürdige Seyda Abdurrahman et-Tahi رحمه الله
35. Der ehrwürdige Fethullah el-Werqanisi رحمه الله
36. Der ehrwürdige Muhammed Diya'uddin رحمه الله
37. Der ehrwürdige Schah el-Khazne Ahmed el-Khaznewi رحمه الله
38. Der ehrwürdige Seyyid Abdulhakim el-Bilwanisi رحمه الله
39. Der ehrwürdige Seyyid Muhammed Raschid رحمه الله
40. Der ehrwürdige Ghawth eth-Thani رحمه الله

DIE *TEWBEH* (DAS REUEBEKENNT-
NIS) UND DIE *BEY'AH* (DER BUND)
MIT DEM SCHEYKH

Wie bewertet der Islam die Zugehörigkeit zu einem *Ta-riqah* (Sufiorden), das Vollziehen der *Tewbeh* und die *Bey'ah* mit dem Scheykh?

In seinem Werk *„Risaletu Nur"* schreibt der *Mur-schid* des osmanischen Sultans Fatih Sultan Mehmet, Akschemseddin رحمة الله Folgendes:

„Der *Murid* unterwirft sich Allah dem Erhabenen und Seinem Gesandtenﷺ, indem er sich einem *Murschid* fügt. Denn der wahre *Scheykh* ist der Stellvertreter des Gesandten Allahsﷺ. Die *Murids* bereuen an der Hand ihres *Scheykhs* und gehen mit diesem einen Bund ein. Die Gefährten⬥ des Gesandten Allahs⬥ taten dies genauso. Sie begaben sich zum Gesandten Allahs⬥ und bereuten ihr altes Leben.

Sie gaben Allah dem Erhabenen das Versprechen [sich von ihrem alten Leben abzukehren und sich Ihm zuzuwenden]. Diejenigen, für die [Allah der Erhabene] den *Tasawwuf* nicht vorgesehen hat, sagen: „Wo haben sie denn das her?'"

Indem der *Murid* die Hand eines *Murschidul Kamil* ergreift, geht er mit diesem gewissermaßen einen spirituellen Handel ein. Bei diesem Handel wird ein Vertrag geschlossen. Ein Vertragsschluss ist ein Rechtsgeschäft, das durch das Einverständnis beider Vertragsparteien, wie beispielsweise ein Kaufgeschäft oder eine Eheschließung, zustande kommt. Bei dem Vertrag, den der *Murid* mit seinem *Murschid* schließt, ist es so, als würde er zu dem *Murschid* in etwa Folgendes sagen: „Ich akzeptiere dich als meinen *Murschidul Kamil* und Erzieher meines *Nefs*. Bitte unterstütze mich dabei, die Rechte Allahs des Erhabenen und Seiner Geschöpfe wahren zu können. Ich möchte mich von der Zügellosigkeit meines *Nefs* befreien und vor der Schlechtigkeit des Teufels in Sicherheit bringen. Hierbei benötige ich deinen Beistand. Mein größter Wunsch ist es, Allah dem Allmächtigen so dienen zu können, wie es sich für einen Seiner Diener gehört. Bitte zeige mir, wie man dies macht und hilf mir dabei, meinen Charakter zu verbessern."

Auch wenn manch Unwissender etwas anderes behauptet: Der *Murschid* ist kein Garant dafür, dass sein *Murid* ins Paradies kommt. Und auch wenn manch religiös Ungebildeter meint, dass man nur ins Paradies kommt, wenn man sich einem *Murschid* anschließt, so entscheidet doch einzig und allein Allah der Erhabene darüber, wer ins Paradies kommt! Unsere Aufgabe ist es, uns auf dem Weg ins Paradies zu bemühen, und die Aufgabe des *Murschids* ist es, die Rolle eines Erziehers, Lehrers und Wegweisers einzunehmen.

Bei der *Bey'ah* geht also der *Murschid* mit dem *Murid* eine Art von Vertrag ein und teilt darüber hinaus auch dessen Sorge, seinen Glauben bewahren zu können. Dieses Verhalten entspricht strikt der *Sunneh* des Gesandten Allahs, denn der Treueeid zwischen den Weggefährten und dem Gesandten Allahs kam ja ebenfalls durch einen Händedruck zustande. Im Edlen Quran wird dieses Abkommen mit den Worten „Sie leisten Allah den Treueeid" in dem folgenden Vers eigens erwähnt:

إِنَّ الَّذِينَ يُبَايِعُونَكَ إِنَّمَا يُبَايِعُونَ اللَّهَ يَدُ اللَّهِ فَوْقَ أَيْدِيهِمْ فَمَنْ نَكَثَ فَإِنَّمَا يَنْكُثُ عَلَى نَفْسِهِ وَمَنْ أَوْفَى بِمَا عَاهَدَ عَلَيْهُ اللَّهَ فَسَيُؤْتِيهِ أَجْرًا عَظِيمًا

„Siehe! Jene, die dir den Treueeid leisten, leisten (in Wirklichkeit) Allah den Treueeid. Allahs Hand ist über ihren Händen. Wer nun (sein Wort) bricht, bricht es nur zu seinem eigenen Nachteil; wer aber das einhält, wozu er sich Allah gegenüber verpflichtet hat, dem wird Er großartigen Lohn geben."

(El-Feth 48/10)

Die Muslime wenden sich Allah dem Erhabenen mithilfe des *Murschidul Kamil* zu. Dieser übernimmt hierbei die Rolle des Mittelsmannes und Vermittlers.

Eines Tages machten sich die Muslime aus Medina gemeinsam mit dem Gesandten Allahs✺ auf, um in die gesegnete Stadt Mekka zu gehen, um dort die *Umreh* (kleine Pilgerfahrt) zu vollziehen. Die Götzendiener hinderten sie aber daran, Mekka zu betreten.

Da versammelten sich 1400 *Sahabeh* unter einem Baum in Hudeybiyeh (in der Nähe von Mekka) und schlossen mit dem Gesandten Allahs✺ ein Abkommen: Sie leisteten ihm den Treueeid per Handauflegen und versprachen ihm, sich solange nicht von diesem Weg zu entfernen, bis die gesegnete Stadt Mekka in ihre Hände gefallen sei. Außerdem sicherten sie ihm zu, das Schlachtfeld auf keinen Fall zu verlassen und dem Feind solange die Stirn zu bieten, bis sie den Sieg davontragen oder sie der Märtyrertod ereilt. Diesen Vertrag nennt man den *Bey'atu Ridwan* („Vertrag des Wohlgefallens").

Als die Quraysch (mekkanischer Stamm) erfuhren, dass die Muslime dieses Abkommen geschlossen hatten, bekamen sie es mit der Angst zu tun.

Deshalb sandten sie Vermittler zum Gesandeten Allahs✺, um mit ihm einen Friedensvertrag auszuhandeln. Da dieser Friedensvertrag in Hudeybiyeh geschlossen wurde, nennt man ihn den „Vertrag von Hudeybiyeh". Darin wurde unter anderem festgelegt, dass die Muslime dieses Jahr nach Medina zurückkehren sollten, ohne die *Umreh* zu vollziehen, dass sie aber im darauffolgenden Jahr das Recht dazu haben sollten, für drei Tage nach Mekka zu kommen, um dort die *Umreh* durchzuführen.

Der *Bey'atu Ridwan* war aber keineswegs der einzige Vertrag, den der Gesandte Allahsﷺ mit den Gefährten﷢ schloss. Schon vor der Auswanderung schloss er mit einer Gesandtschaft der Einwohner von Medina den „Vertrag von Aqabeh". Dieses Beistandsabkommen machte den Weg frei für die Auswanderung nach Medina.

Ubade Bin Samit﷠ überlieferte uns den Wortlaut des Treueeids, mit dem eine Gruppe der Weggefährten﷢ dem Gesandten Allahsﷺ bei Aqabeh die Treue schwor:

„Wir vereinbarten (mit dem Gesandtenﷺ), dass wir hören und gehorchen werden, bei einer Angelegenheit, die uns angenehm ist und bei einer Angelegenheit, die uns widerwärtig ist und unter schwierigen Umständen und unter günstigen Umständen und dass wir andere (Muslime) uns selbst vorziehen werden und uns nicht mit den Befehlshabern herumstreiten werden, (wenn diese uns etwas befehlen) [außer wenn ihr seht, dass diese sich offensichtlich und erwiesenermaßen (gegen die Gebote) Allahs auflehnen]."[14]

---

14   Vgl. Nesa'i: Bey'ah, Nr. 1-3

Überhaupt war es der Brauch des Gesandtenﷺ, dass er mit allen Leuten, die sich ihm und dem Islam anschlossen, einen Vertrag zu schließen.

Die Großen des *Naqschebendi*-Pfades wollen, dass die derzeit lebenden Gläubigen ebenfalls einen Vertrag mit Allah dem Erhabenen und Seinem Gesandtenﷺ abschließen. Dabei sollen sich Gläubige, die sich dazu entschlossen haben, den göttlichen Weg einzuschlagen, zuallererst reumütig Allah dem Erhabenen zuwenden. Auf diese Weise beginnen sie diesen Weg rein von Sünden und mit besten Absichten. Darüber hinaus versprechen sie Allah dem Erhabenen und Seinem Gesandtenﷺ, diesen Weg nie wieder zu verlassen.

Dabei ist die Bewahrung des Glaubens der Menschen das einzige Ziel der Gottesfreunde. Der ehrwürdige Ghawth el-Bilwanisiﻗﺪﺱﺳﺮّﻩ sagte dazu:

„Heutzutage sind *Tariqahs* dazu da, den Glauben (der Leute) zu retten. Früher haben die *Murschidul Kamil* ihre *Murids* [durch verschiedene Verfahren] geprüft und sie verschiedenen Praktiken unterzogen [bei denen sie gewisse spirituelle Rangstufen durchliefen], bevor sie ihnen erlaubten, in einen Sufiorden einzutreten. Nicht jeder wurde in einen Sufiorden aufgenommen. Weil aber in unserer Zeit der Glaube [der meisten Menschen] schwach ist und sich die Krankheit des Unglaubens ausbreitet, akzeptieren die *Sadatul Kiram* jeden, der zu ihnen kommt. Sie eröffnen ihnen den Pfad der Reue und ergreifen ihre Hand [um mit ihnen den spirituellen Vertrag zu schließen]."

Und der ehrwürdige Ghawth el-Khizani قدس‌سره er-klärt uns, warum es für uns am besten ist, den Pfad der *Naqschebendiyyeh* einzuschlagen:

„Ein Grund dafür, warum der Pfad der *Naqschebendiyyeh* erhabener ist als andere Sufipfade, ist, dass dieser Pfad kei-ne *Bid'ah* (unerlaubten religiösen Neuerungen) beinhaltet. Manche Sufipfade hörten auf zu existieren, weil sie sich nicht vor unerlaubten religiösen Neuerungen schützen konnten."[15]

Warum es notwendig ist, einen spirituel-len Bund mit dem *Murschid* einzugehen

Der Edle Quran behandelt die Bedeutung des Bundes wie folgt:

وَمَا أَرْسَلْنَا مِنْ رَسُولٍ إِلاَّ لِيُطَاعَ بِإِذْنِ اللّهِ وَلَوْ أَنَّهُمْ إِذْ ظَلَمُوا أَنْفُسَهُمْ جَاءُوكَ

فَاسْتَغْفَرُوا اللّهَ وَاسْتَغْفَرَ لَهُمُ الرَّسُولُ لَوَجَدُوا اللّهَ تَوَّابًا رَحِيمًا

„ Und Wir haben keinen Gesandten entsandt, ohne dass ihm mit Allahs Erlaubnis gehorcht werde. Und wenn sie zu dir gekommen wären, nachdem sie sich selbst Unrecht zugefügt haben und dann Allah um Vergebung gebeten hätten und der Gesandte für sie um Vergebung gebeten

---

15   Ghawth el-Khizani: Minah, 46. Minah.

hätte, dann hätten sie Allah gewiss Allvergebend, Barm-
herzig vorgefunden. "

(En-Nisa' 4/64)

Dieser Vers wird von dem großen Qurangelehrten
Fakhruddin er-Razi‫ﺭﺣﻤﻪ‬ zusammenfassend folgendermaßen
erörtert:

„Vielleicht ist es so, dass wenn sie die Reue vollziehen,
diese Reue mit einer Mangelhaftigkeit behaftet ist. Wenn
dann zu (ihrer Reue) noch die Bitte um Vergebung des
Gesandten dazu kommt, dann erwirbt man damit das An-
recht auf die Akzeptanz (der Reue). Und Allah weiß es
besser!"[16]

Die Gottesfreunde sind die Erben des Gesandten Allahs‫ﷺ‬.
Sie führen seine Aufgabe fort, die Menschen rechtzuleiten,
den Menschen zu predigen und sie den Islam zu lehren.

Der Gesandte Allahs‫ﷺ‬ beschrieb die Gottesfreunde folgendermaßen:

„Sie bringen die Gottesdiener dazu, Allah zu lieben und
Allah dazu, Seine Diener zu lieben. Sie gehen auf der Erde
umher und raten (den Menschen) das Rechte."Da fragten
die Weggefährten‫ﺿ‬ den Gesandten‫ﷺ‬:

„Wie (können) sie (denn) Allah dazu bringen, Seine Diener zu lieben?"

---

16   Fakhruddin er-Razi: Tefsirul Kebir, Band 4, Seite 126, Beirut, 1415 (1995).

Der Gesandte Allahsﷺ antwortete ihnen:

„Sie befehlen ihnen (also den Gottesdienern) Dinge, die Allah liebt und sie verbieten ihnen (Dinge), die Allah verabscheut. Wenn sie ihnen gehorchen, dann liebt sie Allah."[17]

Einer der großen *Murschidul Kamil* unserer Gegenwart der ehrwürdige Ghawth eth-Thani قدس سره sagte:

„Meine einzige Sorge ist es, nach der Zufriedenheit Allahs zu streben und die *Sunneh* des Gesandten Allahsﷺ am Leben zu erhalten. Dies ist meine einzige Aufgabe."

Daraufhin rezitierte er folgenden Quranvers:

يَا أَيُّهَا الَّذِينَ آمَنُوا اتَّقُوا اللَّهَ وَكُونُوا مَعَ الصَّادِقِينَ

„O ihr, die ihr glaubt! Fürchtet Allah und seid mit den Wahrhaftigen!"

(Et-Tewbeh 9/119)

Danach fuhr er folgendermaßen fort:

„Wer sich mit aufrichtigen Personen umgibt, wird auch gemeinsam mit diesen auferweckt werden. Seht nur den Hund der Gefährten der Höhle [die im Edlen Quran erwähnt werden]. Weil er sich bei diesen aufhielt, wird er ins Paradies kommen. Koste es, was es wolle, der Mensch

---

17 Beyhaqi: Schu'abul Iman, 1/367 (Nr. 409); Ali el-Muttaqi: Kenzul Ummal, 3/75 (Nr. 5565).

sollte [so oft als möglich] die Nähe der aufrichtigen Gottesdiener, der *Murschidul Kamil*, suchen.

Wer nicht unmittelbar mit ihnen zusammen sein kann, der
muss mit seinem Herzen mit ihnen zusammen sein. Unser *Murschidul Kamil* Ghawth el-Bilwanisiﻗﺪﺱ sagte: „Wer
zwei Tage mit einem Dieb zusammen ist, wird am dritten
Tag selbst zum Dieb." Der Gesandte Allahsﷺ sagte: Der
Mensch hat dieselbe Religion wie sein Freund, deshalb
achte ein jeder von euch darauf, wen er sich zum Freund
nimmt."[18]“

Der Treueeid, den ein *Murid* einem *Scheykh* leistet, gilt
gleichzeitig auch als ein Vertragsschluss zwischen diesen
beiden. Dieser Vertragsschluss bringt gewisse Pflichten für
beide Vertragsparteien mit sich: Der *Scheykh* verspricht,
die spirituelle Erziehung des *Murids* zu übernehmen und
der *Murid* verspricht, allen Anordnungen seines *Scheykhs*
Folge zu leisten. Dieser Vertrag räumt darüber hinaus dem
Murschid das Recht ein, bei einem Fehlverhalten seines
Murids korrigierend einzugreifen.

Die vollkommenen *Scheykhs*, diese wirklichen Gelehrten und *Murschidul Kamil*, sind die Wahrhaftigen, die im
obigen Quranvers (Et-Tewbeh, 119) erwähnt werden. Sie rufen
dem Menschen ihre wahre Bestimmung, nämlich die Die-
nerschaft gegenüber Allah dem Erhabenen, wieder ins Ge-
dächtnis. Sie geben dem Gläubigen das Versprechen, sie
darin zu unterstützen, Gottesdiener zu werden, die Allah

---

18   Tirmidhi: Zuhd, 45; Ali el-Qari: Mirqatul Mefatih, 8/749.

den Erhabenen zufriedenstellen. Kann es denn für einen Gläubigen eine freudigere Botschaft geben?

Die *Murschidul Kamil* bitten Allah den Erhabenen um die Vergebung der Sünden der sündhaften Menschen, und die sündhaften Menschen geben den *Murschidul Kamil* die Möglichkeit, ihre Umkehr bezeugen zu dürfen. So wenden sie sich also gemeinsam an Allah den Allmächtigen. Kann es denn eine bessere Gelegenheit dazu geben, die Akzeptanz Allahs des Erhabenen zu erlangen?

Ein Fluss kann noch so schmutzig sein. Sobald er in den Ozean der Reinheit mündet, vermischt sich sein Wasser mit dem des Ozeans und wird dadurch gereinigt. So ähnlich verhält es sich auch mit einem *Murid*, der gemeinsam mit einem vollkommenen Menschen die aufrichtige Umkehr vollzieht. Es steht außer Frage, dass er dadurch einen Nutzen erzielen wird.

Wir haben uns zu sehr mit dieser Welt eingelassen. Dies ist der Grund dafür, warum wir unser Versprechen, das wir unserem Allmächtigen Herrn in der Urewigkeit gaben, vergessen haben: Dieser fragte die Seelen: *„Bin Ich nicht euer Herr?"* Und die Seelen antworteten: *„Doch (Du bist unser Herr)!"*[19]

Unsere Seele kann sich erst dann wieder an dieses vergessene Versprechen erinnern, wenn wir die Hand eines *Murschidul Kamil* ergreifen, um mit ihm einen Bund zu schlie-

19 7. Sure: El-Eraf, Vers 172.

ßen, wenn wir unseren Charakter verbessern und wenn wir Gutes tun.

Um seiner Verantwortung gegenüber Allah dem Erhabenen gerecht zu werden, zeigt der *Murschidul Kamil* denjenigen, die zu ihm kommen, den Weg Allahs des Allmächtigen.

Viele Gelehrte früherer Religionsgemeinschaften sind dieser Verantwortung nicht nachgekommen. Allah der Allmächtige beschreibt diese in dem folgenden Vers:

وَإِذْ أَخَذَ اللَّهُ مِيثَاقَ الَّذِينَ أُوتُوا الْكِتَابَ لَتُبَيِّنُنَّهُ لِلنَّاسِ وَلَا تَكْتُمُونَهُ فَنَبَذُوهُ وَرَاءَ ظُهُورِهِمْ

وَاشْتَرَوْا بِهِ ثَمَنًا قَلِيلًا فَبِئْسَ مَا يَشْتَرُونَ

„Und als Allah den Bund mit den Schriftbesitzern schloss, (sprach Er): „Wahrlich, tut sie [die Schrift] den Menschen kund und verbergt sie nicht!" Da warfen sie sie hinter ihren Rücken und verkauften sie für einen geringen Preis. Wie schlimm ist das, was sie (dafür) erkaufen!"

(Ali Imran 3/187)

Der ehrwürdige Scheykh Abdurrahman et-Tahi قدّس سرّه sagte:

„In der heutigen Zeit hat der spirituelle Pfad enorm an Bedeutung gewonnen. Zu Zeiten der ehrwürdigen Ghawth el-Khizani قدّس سرّه und Seyyid Taha قدّس سرّه war er lange nicht so weit verbreitet (wie heute).

Würden diese heutzutage leben, würden sie sich noch stärker um die großen Segnungen [dieses Pfades] bemühen. Wir sollten uns also dementsprechend anstrengen. Ich schwöre euch: Wenn ihr die spirituellen Segnungen nicht an dieser Tür erlangt, dann werdet ihr sie auch an keinem anderen Ort (dieser Welt) erlangen können."[20]

Gelobt sei Allah, der Herr aller Welten!

Allahs Segen und Friede sei auf Seinem geliebten Gesandten, auf dessen Familie und seinen Weggefährten.

---

20 Abdurrahman et-Tahi: Işaretler, Seite 172.

Literaturverzeichnis

* Abdullah Bin Mubarek: „Kitabu Zuhd we Reqa'iq". Daru Selefiyyeh, Kairo, 1998.
* Abdurrahman el-Dschami: „Nefehatul Uns". Darul Kutubil Ilmiyyeh, Beirut, 2003.
* Abdurrahman-i Tahi: „Şeyh Abdurrahman-i Tahi`nin Mektupları". Seytaç Yayınları, Ankara, 2000.
* Akşemseddin (Şemseddin Muhammed Bin Hamsa): „Makamat-i Evliya". Fatih Yayınevi Matbaası, 1972.
* Bukhari, Muhammed Bin Isma'il: „Es-Sahih". Kairo, 2004.
* Ebu Nu'aym, Ahmed Bin Abdullah el-Isfahani: „Hilyetul Ewliya'". Darul Kutubil Ilmiyyeh, Beirut, 2002.
* Ibnul Dschewsi, Ebul Feredsch Abdurrahman Bin Ali: „Sifatu Safweh". Darul Marifeh, Beirut, 1986.
* Bin Kethir, Ebul Fida Ismail: „El Bidaye we Nihaye". Daru Bin Kethir, Beirut, 2007.
* Bin Madscheh, Ebu Abdullah Muhammed Bin Yezid: „Sunenul Bin Madscheh". Darul Marifeh, Beirut, 1997.
* Imam er-Rabbani, Ahmed el-Faruq es-Sirhindi: „Mektubatu Rabbani". Semerkand, Istanbul, 2009.
* Khatib el-Baghdadi, Ebu Bekr Ahmed Bin Ali Bin Sabit: „Tarikhul Baghdad". Beirut (ohne Angabe der Jahreszahl).
* Muslim, Ebul Huseyn Bin Hadschadsch el-Quscheyri: „Es-Sahih". Beirut, 2003.
* Quscheyri, Abdulkerim: „Er-Risaleh". Kairo, 2003.

- Quscheyri, Abdulkerim: „Er-Risale". Dergah Yayınları, Istanbul, 2001. (türkische Ausgabe)
- Seyyid Sibgatulla el-Arvasi: „Minah". Semerkand, Istanbul, 2010.
- Tirmidhi, Ebu Isa Muhammed Bin Isa: „Es-Sunen". Beirut, 1987.